ACADÉMIE DES SCIENCES, LETTRES & ARTS DE MARSEILLE

ÉLOGE DU BARON GASTON DE FLOTTE

DISCOURS DE RÉCEPTION

PRONONCÉ EN SÉANCE PUBLIQUE LE 10 MAI 1885

PAR M. LE VICOMTE OLIVIER DE CARNÉ

RÉPONSE DE M. LOUIS BLANCARD

PRÉSIDENT DE L'ACADÉMIE

MARSEILLE
TYPOGRAPHIE ET LITHOGRAPHIE BARLATIER-FEISSAT
Rue Venture, 19

1885

ACADÉMIE DES SCIENCES, LETTRES & ARTS DE MARSEILLE

ÉLOGE DU BARON GASTON DE FLOTTE

DISCOURS DE RÉCEPTION

PRONONCÉ EN SÉANCE PUBLIQUE LE 10 MAI 1885

PAR M. LE VICOMTE OLIVIER DE CARNÉ

RÉPONSE DE M. LOUIS BLANCARD

PRÉSIDENT DE L'ACADÉMIE

MARSEILLE
TYPOGRAPHIE ET LITHOGRAPHIE BARLATIER-FEISSAT
Rue Venture, 19

1885

ÉLOGE DU BARON GASTON DE FLOTTE

DISCOURS DE RÉCEPTION

PRONONCÉ EN SÉANCE PUBLIQUE LE 10 MAI 1885

Messieurs,

Dans le courant de 1876 un étranger vint, sous les auspices d'un ami commun, frapper à la porte de l'un de vos confrères et reçut de lui une gracieuse hospitalité : — C'est à cet étranger que vous faites aujourd'hui l'honneur de donner une place parmi vous. Quant à votre confrère il n'est plus et par une coïncidence étrange, c'est son fauteuil que vous m'avez appelé à occuper.

Il y a bientôt neuf ans, peu après la cordiale réception de M. le Baron de Flotte, je contractais des liens qui, en assurant le bonheur de ma vie, me donnaient dans cette ville des lettres de grande naturalisation.

En me recevant dans son sein, l'Académie confirme en quelque sorte ce nouveau droit de cité. J'étais Marseillais par le cœur, puisque la patrie est là où on aime ; je le deviens, grâce à votre Compagnie, par l'esprit, et j'ai l'heureuse fortune de voir le nom du baron de Flotte associé à ce double baptême.

Vous le comprendrez sans peine, la reconnaissance m'est un motif de plus d'esquisser dans ce discours la biographie de mon prédécesseur que tant de titres recommandent à l'attention publique. Si le biographe n'est pas à la hauteur de sa tâche, il ne faudra s'en prendre qu'à votre indulgence. N'est-ce pas elle qui m'a fait l'un des vôtres. N'est-ce pas elle aussi qui m'attribue une place désormais si difficile à occuper ?

Étienne Gaston, baron de Flotte, naquit le 26 février 1805 à Saint-Jean-du-Désert près Marseille. Sa famille, ancienne et illustre, était originaire de la Haute-Provence. Quelques années après Fontenoy, son grand-père, dont le courage avait été remarqué par Louis XV sur le champ de bataille, épousa une sœur de Lantier. L'auteur d'*Anthénor* fut le parrain de votre confrère et c'est lui qui donna à la famille de Flotte la campagne de Saint-Jean-du-Désert.

Une autre sœur de Lantier, la comtesse de Baux, avait adopté son neveu, le père de Gaston, et lui sauva la vie sous la terreur dans des circonstances qui méritent d'être rappelées. Tous deux en 1793 demeuraient à Saint-Maximin. Marcellin de Flotte, à peine âgé de vingt ans, fut dénoncé comme suspect et incarcéré. Il allait être conduit à l'échafaud, lorsque Madame de Baux reçut la visite de Lucien Bonaparte, alors employé des subsistances militaires. Lucien venait lui proposer de faire relâcher son neveu, à la condition qu'elle consentît à jouer un rôle dans le *Brutus* de Voltaire, pièce organisée pour distraire la garnison de Saint-Maximin. Le futur prince n'ayant pu trouver dans le personnel républicain une *Tullia* convenable, s'était adressé à la Comtesse. Le marché fut conclu et chacun tint sa parole.

Dès que le calme fut rendu à la France, Madame de Baux vint habiter Saint-Jean-du-Désert, et là, prodigua à l'enfance de Gaston de Flotte les soins qu'elle avait donnés au père de celui-ci. Elle éleva son pupille suivant les préceptes de *L'Émile* complétés heureusement par une solide éducation chrétienne, son enthousiasme pour Rousseau n'allant pas jusqu'à approuver l'odieux silence qu'il préconise dans les questions religieuses.

A cinq ans l'enfant avait lu Robinson Crusoé, et comme Bernardin de Saint-Pierre, plein de son sujet il partit un jour à la recherche d'une île déserte.... on le rattrapa à temps. Plus tard il se passionna pour don Quichotte et ce fut peut-être pour éviter une escapade qu'aurait pu lui suggérer le livre de Cervantés que ses parents le mirent au collége. Il fut admis en 1815 à l'école royale militaire de la Flèche.

A la Flèche on s'occupait surtout de mathématiques, au détriment de la littérature ; mais ce genre d'études rebutait le jeune élève qui n'y comprenait rien. Il se consolait de l'aridité des chiffres en faisant des vers ; occupation pour laquelle il eut dès son enfance un grand attrait et une aisance remarquable. Huit années se passèrent ainsi ; il lut beaucoup, travailla peu et finit néanmoins par remporter tous les prix au désespoir de ses professeurs, indignés de le voir récompensé malgré tant de paresse. « Ah, disait-il plus tard, si j'avais moins lu je saurais davantage. » On ne peut se plaindre avec plus d'esprit d'avoir trop de facilité et pas assez d'amour du travail.

En 1823, Gaston de Flotte revint au foyer paternel d'où la mort avait arraché son frère aîné, et s'y fixa. Son imagination ardente s'accommodait mal de la discipline militaire et ce fut sans regret que, d'accord avec les siens, il renonça à entrer à Saint-Cyr. Il emportait de la Flèche peu d'agréables souvenirs : le chaos de nombreuses lectures mal digérées, une faible instruction, mais d'innombrables amitiés que lui avait faites son caractère loyal et gai.

Dès son retour à Saint-Jean son oncle Lantier le prit pour lecteur et secrétaire ordinaires. L'emploi de secrétaire n'avait guère d'inconvénient ; il en était autrement de celui de lecteur. Lantier ne voulait entendre que les œuvres de Voltaire et il poussait l'amour pour cet homme néfaste au point de n'avoir pas dans sa bibliothèque un seul livre de Rousseau. à cause de la haine cordiale que le philosophe de Ferney avait porté à celui de Genève.

Voici en quels termes M. de Flotte apprécie cette époque de sa vie : « L'éducation que l'on recevait à la Flèche ne se distinguait pas précisément par la profondeur des principes religieux. Certes, une foi plus ardente que la mienne aurait succombé à cette épreuve... Voltaire m'enleva le peu de foi que je possédais. » Mais heureusement sa mère était une femme supérieure, d'une piété forte et éclairée. Si elle ne parvint pas à détruire immédiatement les germes de scepticisme déposés dans le cœur de son fils par l'admiration de M. de Baux pour Rousseau et par le culte de Lantier pour Voltaire, ses prières opérèrent plus tard ce miracle.

Pour se divertir M. de Flotte s'occupa avec ardeur de littérature. La carrière des lettres lui souriait plus que celle des armes, et, sous la direction de Lantier, il fit de nombreux essais en vers et en prose. En même temps il achevait ses classes au collège de Marseille et tentait, mais en vain, de faire son droit. Pendant les cours, au lieu de prendre des notes, il jouait aux cartes avec ses voisins.

Le *Journal de la Méditerranée* donna en 1826 les premières lignes que fit imprimer l'étudiant. C'était une notice nécrologique sur M. de Lantier mort cette année-là même. Peu après parut un recueil de poésies tiré à un petit nombre d'exemplaires ; *Mes Loisirs* et dédié « aux manes de M. Lantier par son neveu inconsolable. » Ce livre, dont l'auteur dit « que la pensée en était encore plus détestable que la forme » est devenu une rareté bibliographique et c'est à ce titre que je le signale.

La mort de M. de Lantier laissait à son neveu la libre disposition de son temps. Le jour, il écrivait, lisait, faisait des vers ; le soir, il se rendait au cercle des Beaux-Arts, place Noailles. Il y rencontra successivement Barthélemy, Méry, Raybaud, Gozlan, Autran et tant d'autres qui augmentèrent dans notre siècle la gloire littéraire de la Provence; parmi ceux-là Méry et Autran se lièrent avec lui d'une étroite amitié.

L'amour de la poésie ne fut pas seul à rapprocher Méry de Gaston de Flotte ; ils en avaient un autre, celui du jeu, et ils sacrifièrent plus d'une nuit à cette terrible passion. On raconte à ce propos que Méry, fatigué de recevoir les reproches de sa femme à chacune de ses tardives rentrées, inventa, de concert avec M. de Flotte, un amusant stratagème destiné à endormir la vigilance de Madame Méry : quand la partie du cercle des Beaux-Arts était terminée, les deux amis sortaient ensemble. Méry regagnait le domicile conjugal et à peine avait-il reçu la première bordée de reproches qu'on entendait dans la rue une voix persuasive, psalmodiant sur le mode traditionnel : *Il est onze heures sonnées*. Le courroux de Madame Méry tombait devant l'évidence des faits et son mari avait beau jeu pour la gourmander à son tour de ses reproches immérités.

M. de Flotte renonça de bonne heure aux émotions du Tapis-Vert ; il n'en fut pas de même pour Méry qui, en 1848, lui écrivait : « J'ai fait une nuit incroyable de baccarat : pour combler mes pertes, il me faut 500 fr. et une semaine. J'aurai *la seconde*. Avez-vous les premiers? » Méry savait que la bonté de M. de Flotte pour ses amis était aussi inépuisable que sa charité pour les pauvres.

Le baron de Flotte se maria en 1828 et dès lors ses idées comme ses habitudes se modifièrent. Désormais il vécut surtout à la campagne où sa vie s'écoulait doucement, entre les soins de la famille, les travaux de la pensée et ceux des champs : comme Horace, il ne dédaignait pas de cultiver son jardin. Saint-Jean-du-Désert devint le rendez-vous de tous les gens d'esprit et, en 1832, Lamartine, partant pour l'Orient, vint y passer une journée.

« Lamartine avait alors quarante deux ans: c'était l'élégance, le charme, l'harmonie, la noblesse des manières : tout séduisait en lui, le regard, la physionomie, le timbre de la voix, la suprême distinction de son aristocratique beauté. C'étaient les *méditations* et les *harmonies* personnifiées. Nul homme ne ressembla plus à ses œuvres, le moindre de ses mouvements était exquis. » Telle est la peinture faite par M. de Flotte de son hôte de 1832.

Quinze ans après, Lamartine revint à Marseille. C'était en 1847, au lendemain de la publication des *Girondins*. Connaissant les sentiments royalistes des habitants de Saint-Jean-du-Désert, il crut avant d'y retourner devoir se faire précéder d'un billet où il disait : « Qu'importent les dissentiments d'esprit sur des théories politiques? l'esprit divise et le cœur réunit. Voilà pourquoi je laisse mes opinions descendre jusqu'à ma conscience ; jamais jusqu'à mon cœur.... Nourrissez le feu sacré des lettres et de l'amitié pendant que je remue le feu obscur et salissant de la politique » Ce joli madrigal en prose, n'empêcha pas M. de Flotte de dire au grand poète ce qu'il pensait de son triste roman politique.

Toutefois ils se quittèrent en bons termes, et rien ne vint troubler leur amitié jusqu'en 1860. A cette époque, dans *les Entretiens*, Lamartine prit un jour à partie les royalistes et leur auguste chef. Le solitaire de Saint-Jean ne put se contenir: il écrivit une lettre fort digne qui se terminait par l'annonce de son désabonnement aux *Entretiens*. Peu après, Lamartine rencontrant Mme de Flotte à Paris, lui dit tout à coup : « Votre mari n'est plus mon abonné, j'honore la détermination qu'il a prise, elle augmente mon estime pour lui. » Puis, se tournant vers Mlle de Flotte qui accompagnait sa mère : « Je vous charge Mademoiselle de faire ma paix avec votre père. » La paix fut faite et l'abonnement repris. Autran écrivant à M. de Flotte, lui dit toute la joie qu'en avait ressentie Lamartine et lui trace de leur ami commun un portrait bien différent de celui de 1832. « Ce cher grand homme est dans un état de plus en plus douloureux. Réduit à la ruine la plus irrémédiable, entouré de tous les ennemis, attaqué par une grande partie de la presse, il a pris le parti d'engraisser, et je vous assure que sous cet aspect nouveau, il m'a paru plus que jamais digne d'un mélancolique intérêt. »

Nous voilà bien loin de 1832. Revenons-y, nous y trouverons Gaston de Flotte écrivant *un roman*, puis une *Histoire des Jésuites en Europe*, enfin un poème, *Dante exilé ;* seul ce dernier a été imprimé. Voici comment il est jugé par son auteur trente ans après. Il s'y trouve quelques vers d'assez bonne facture, surtout au commencement, ceux qui concernent personnellement l'illustre proscrit. Mais quand je veux analyser l'Enfer, le Purgatoire, le Paradis, je retombe dans la sécheresse, je comprenais bien la grandeur de la trilogie, et on croirait que je ne la comprends pas du tout ; tant je suis faible et débile.

En 1836, M. de Flotte publia l'*Essai sur l'état de la littérature à Marseille* qui lui ouvrit les portes de votre Compagnie. Le rapporteur de l'élection, M. de Montgrand, donne à *l'Essai* les éloges les plus complets. Le livre, espèce de dictionnaire biographique, commence avec Durfé et finit à Mademoiselle Favier. On comprend que dans un pareil ouvrage il est difficile de n'oublier personne et d'être suffisamment impartial quand on juge des contemporains.

Dans l'*Essai*, l'*Histoire de la Révolution*, par M. Thiers, est appelée un chef-d'œuvre, et avec Chateaubriand M. de Flotte en admire l'auteur ; quand plus tard il jugera d'après lui-même et non plus d'après Chateaubriand, il dira : « M. Thiers a eu de la froideur pour tout ce qui est grand et beau ; et peu de sympathie pour l'héroïsme et le dévouement qu'il ne peut comprendre. » Évidemment l'admiration avait cessé. Quoi qu'il en soit, l'*Essai* a sa place marquée dans les

Bibliothèques et il devra être consulté par ceux qui veulent connaître l'histoire des lettres en Provence.

Dans son discours de réception, votre confrère prit pour thème la réaction qui s'opérait depuis le commencement du siècle dans la littérature en faveur des idées religieuses et établit un savant parallèle entre l'école ancienne et l'école moderne. Pour lui le romantisme et le classicisme sont des mots vides de sens. Il nous montre Racine parfois romantique, et M. Hugo parfois classique.... et n'y perdant rien. — Je préfère ajoute-t-il le lyrisme de M. Hugo, aux pâles strophes de Malherbe ou de Rousseau, mais aussi je repousse son théâtre, et je bondis d'indignation quand on ose dire : Pierre Corneille et Victor Hugo. Dans tous les temps le beau est beau, le mauvais, mauvais.

A mon sens, M. de Flotte est dans le vrai, quand il juge les deux écoles littéraires qui ont passionné nos pères : si l'éclectisme ne doit pas être la règle dans la conscience philosophique, il est tout naturellement celle de la connaissance littéraire ou artistique. Dans le premier cas, la vérité est une, et comme dans le second, elle peut être multiple et qu'en dernier ressort nous n'avons à choisir qu'entre des systèmes, le Dogme ici n'a pas de laisser d'être.

Membre de votre Compagnie, Gaston de Flotte fut l'âme de vos séances, où il lisait souvent ses œuvres fort applaudies. C'est alors qu'on entendit pour la première fois, l'*Entrée de Saint Pierre à Rome*, *La Vallée de Saint-Jean-du-Désert*, *Le Bon sens*, l'*Épitre à Ponce-Pilate* dont j'extrais ces quelques vers vrais dans tout les temps, aujourd'hui comme hier :

> Oui, toujours et partout quand un peuple en délire,
> Dont la dent tue et broie et dont l'ongle déchire,
> Demande avec des cris et de longs hurlements
> La victime promise à ses rugissements,
> Oui toujours et partout, respectant sa colère,
> Un sage dont le nom a son jour populaire
> De ses émoluments sauveur judicieux,
> Livre le faible au fort et détourne les yeux.

Une seule fois il présida, ce fut en 1851. Il eut alors à recevoir un homme qui, malgré la différence de l'âge, lui était intimément uni : J'ai nommé l'abbé Bayle. Tous deux s'aimaient comme un père et un fils et s'écrivaient souvent en prose et en vers. Je n'ai pas à vous parler de leurs relations après ce qu'en a dit l'éminent successeur du pieux et savant abbé. Je me permets seulement de regretter que des motifs de délicatesse devant lesquels chacun doit s'incliner aient obligé à livrer aux flammes leur correspondance aussi instructive qu'intéressante.

Quelques mois après sa nomination à l'Académie, M. de Flotte publia son poëme de *Jésus-Christ*. J'ignore s'il le composa dans les mêmes sentiments qui dictèrent à Chateaubriand *la vie de l'abbé de Rancé*, mais il est certain que le poëme est inspiré par un remarquable esprit de foi. « Il est, lui écrivait Reboul, d'une pureté de style et d'une simplicité ravissante : l'Évangile y est traduit avec un vrai bonheur. Daignez recevoir les félicitations du poète et la gratitude du chrétien, car l'un et l'autre ont eu à gagner à la lecture de votre œuvre. » Voici le gracieux début du prologue :

> Voyez-vous cette église, aux flancs de la vallée,
> Comme une veuve en deuil solitaire et voilée ?
> Devant le seuil brisé s'élèvent deux ormeaux
> Qui croisent sur son toit leurs feuillages jumeaux,
> Et des murs crevassés où serpente le lierre
> Il ne restera plus bientôt pierre sur pierre.
> Où sont ces chants pieux, ces hymnes d'autrefois
> Que répétaient en chœur de virginales voix

> Pures comme l'azur et comme leur pensée ?
> Où sont ces voix d'enfants et cette voix cassée
> Du vieillard qui les aime et les laisse venir,
> Et dont toute la vie est prier et bénir ?
> Hélas ! tout est détruit, et nef et sanctuaire,
> La mousse a tout couvert comme un drap mortuaire,
> Tout tombe, tout s'efface, et l'homme à chaque pas
> Rencontre une douleur qu'il ne connaissait pas.

Après avoir rendu hommage à sa foi religieuse, en écrivant la *Vie de Jésus-Christ*, l'infatigable poète voulut rendre hommage à sa foi politique en chantant les Vendéens ; c'est là son œuvre la plus considérable; elle comprend près de 5,000 vers et a contribué à étendre la réputation de son auteur, qui est souvent nommé : « l'auteur de la *Vendée*. » N'étant pas poète, je craindrais de mal juger ce vaste et saisissant travail, et je laisse la parole à un homme qui a illustré la Provence et que la Provence a illustré. M. Frédéric Mistral écrit : « Vaillant et cher collègue, vous venez de me faire lire un grand et vrai poëme épique, admirable d'entrain, d'enthousiasme et de rapidité. Vos chants sont enlevés au pas de charge, tambour battant. Et, certes, mes éloges ne sont dictés ni par l'adulation, ni par l'esprit de parti. Mon point de vue sur la Révolution est, à bien des égards, le contraire du vôtre.

« Vos Vendéens sont magnifiques, je vous remercie de les avoir coulés en bronze. Cette guerre fut un malentendu ; les soldats du Rhin et les insurgés du Boccage se battaient, au fond, pour le même principe : la liberté, la nationalité. Votre généreux poëme est l'inscription de marbre qui éternisera le souvenir de cette colossale et héroïque lutte. Vous unissez le laconisme antique à la grandeur cornélienne. »

Victor Hugo, de son côté, écrivait : « Enfant, j'ai commencé par aimer la Vendée ; homme, j'ai préféré la France. J'ai passé des idées de ma mère aux idées de mon père. Aujourd'hui, j'aime, je comprends et j'honore tout ce qui est noble, tout ce qui est désintéressé, tout ce qui est beau. C'est vous dire, Monsieur, tout ce que je pense de votre poëme.

« Vous êtes un Vendéen dans lequel il y a un Français. Je suis un Français dans lequel il y a un Vendéen. Au fond, nous sommes composés des mêmes éléments, et j'en suis fier. » Cette lettre date de 1846 ; il n'y a que quarante ans.

Une artiste qui eut son heure de célébrité, Marie

Dorval, appréciait ainsi la *Vendée* : « Votre livre a le mérite d'une œuvre littéraire éminemment remarquable et l'intérêt d'un drame énergique, palpitant. — Je ne regrette qu'une chose, c'est que la forme de votre ouvrage ne me permette pas de le populariser à la scène.... Je crois que cette création serait, pour moi, la meilleure, car indépendamment du zèle que j'apporterais à interpréter vos pensées, je n'aurais jamais, je crois, rien exprimé avec une plus sincère conviction. »

Afin que rien ne manquât à la gloire de l'auteur, la censure s'opposa, au nom des lois de septembre, à l'impression des derniers vers du poëme. Ils faisaient allusion à un événement douloureux de notre histoire nationale.

Comme pour montrer que son talent, arrivé à sa maturité, était capable de se plier à tous les genres, le chantre de la Vendée, faisant taire son imagination, entreprit une œuvre de critique religieuse et de haute érudition et publia les *Sectes protestantes*. C'est l'histoire alphabétique des divisions survenues dans la Réforme, depuis Luther jusqu'à nos jours. Le but de l'écrivain est de montrer ce que devient la raison humaine lorsque, abandonnée à elle-même, elle flotte à tous vents de doctrine. Ce livre, dans lequel plus de quatre cents sectes protestantes sont étudiées, est comme une démonstration mathématique à l'appui des *Variations* de Bossuet.

Le poète aimait la théologie peut-être encore plus que la poésie. Il écrivait à l'archevêque de Paris, Mgr Sibour : « Quelque chose est bien plus assurée de l'immortalité que la poésie : c'est la théologie, la science d'or, la reine du monde.... car lois, mœurs, politique, sciences, arts, philosophie, ont dès le commencement convergé vers elle.... nous vivons dans son atmosphère ; nous y soustraire est impossible malgré nos révoltes. Comment s'étonner, après cela, de la vigueur avec laquelle il réfuta la *Vie de Jésus* de Strauss, dans une série de lettres où l'on ne sait ce qui est le plus à admirer de la rigueur des arguments ou de l'élégance du style. Un jour qu'à propos de ces lettres il discutait avec Lacordaire, le célèbre dominicain résuma en ces termes son opinion sur le philosophe allemand : « Strauss est un nain qui brise de petits cailloux et en met les fragments sous les pieds d'un géant pour l'empêcher de marcher. On ne peut dire ni mieux ni plus vrai.

M. de Flotte n'écrivait pas seulement des livres ; il faisait aussi des brochures telles que : le *Poëte Roucher*, *Maurice*, la *Tour Maudite* et collaborait à divers journaux ou revues. Parmi les premiers il n'est pas possible de ne pas donner ici un souvenir à la *Gazette du Midi*, vaillant journal dont il fut pendant cinquante ans le conseiller et le collaborateur désintéressé. M. Abel en mourant confia le soin de mettre la dernière main à l'*Histoire de la Monarchie française* à son savant ami, qui a toujours considéré ce legs comme un honneur dont il était fier.

Un ancien rédacteur de la *Gazette du Midi* raconte dans un livre piquant que, lorsqu'une erreur s'était glissée dans le journal, on voyait apparaître le « Baron » comme on l'appelait familièrement, apportant la preuve du délit. Les rédacteurs courbaient la tête et promettaient de mieux faire ; quant aux protes, si l'erreur était de leur chef, ils se vengeaient quelquefois des admonestations reçues. Ainsi au bas d'un article dans lequel M. de Flotte relevait sans pitié les fantaisies orthographiques de certains écrivains, on put lire avec étonnement : *Gascon* de Flotte au lieu de *Gaston* de Flotte. La coquille faillit rendre malade le malheureux critiqué.

La *Revue de Paris*, la *Revue de Marseille*, l'*Union*, la *Mode*, la *Gazette du Bas Languedoc* furent condamnées à l'amende pour un article de lui et en 1862 la *Mode* fut supprimée pour la même cause. De pareils arrêts n'honorent pas moins les écrivains qui les encourent que les journaux assez courageux pour s'y exposer.

De tous les ouvrages qui ont contribué à faire connaître le baron de Flotte, le plus original est certainement celui qui a pour titre les *Bévues Parisiennes*. Vous savez qu'il se compose de deux volumes dans lesquels sont signalés une partie des erreurs, des oublis, des mensonges, des non-sens commis par les auteurs parisiens, journalistes ou autres. La presse de Paris fut, il faut le reconnaître, unanime, comme celle de province, à féliciter l'auteur.

Il fallait la grande érudition et la prodigieuse mémoire de ce « bénédictin d'esprit », comme l'appelait Méry, pour mener à bien l'entreprise. Malgré tout, il commit quelques inexactitudes, et, naturellement, on les releva. Jules Janin, en particulier, fort maltraité, non sans raison, dans les *Bévues*, fut féroce. J'allai le voir dans son châlet de Passy, après l'apparition du 1er volume, m'a raconté un grand critique. Je le trouvai riant aux éclats, et il me dit : « Cela lui sied bien à ton baron de signaler mes bévues ! Ne voilà-t-il pas qu'il a pris la fine champagne pour une champenoise rivale de la veuve Cliquot. »

Malgré cette erreur et quelques autres plus insignifiantes encore, les compliments furent plus nombreux que les railleries. Sainte-Beuve, qui eut toujours pour M. de Flotte beaucoup d'estime, lui écrivait entr'autres louanges : « Je voudrais avoir un ami comme vous dans ma poche, avant de rien publier. »

Le premier volume des *Bévues* parut en 1860, le second en 1868, le troisième allait paraître en 1870, lorsque la guerre éclata. Le manuscrit, porté à Tours par l'éditeur, fut brûlé accidentellement, et depuis, il n'a pas été refait

Nous voyons pour notre part dans les *Bévues Parisiennes* autre chose qu'une critique superficielle de tel ou tel auteur. C'est une tentative de police littéraire qu'il serait désirable de voir continuée et qui pourrait donner d'excellents résultats. Peut-être arriverait-on ainsi à cette décentralisation intellectuelle qui est dans le vœu de bien des écrivains *départementaux* pour me servir du terme légal. Toutefois, il serait chimérique d'espérer que la décentralisation de l'intelligence puisse précéder celle de l'administration. Si jamais nous revenons à l'organisation provinciale, peut-être sera-t-il permis d'avoir de l'esprit ailleurs qu'à Paris. Jusque-là, l'écrivain ambitieux du succès est condamné à la capitale comme le fruit qui veut mûrir est condamné au soleil.

Après la guerre et l'échec de ses espérances monarchiques en 1873, M. de Flotte, atteint, en outre, par une cruelle infirmité, se retira du monde pour mieux penser à Dieu. Il fallut, pour lui mettre de nouveau la plume à la main, un odieux attentat à la conscience publique. En 1877, la Franc-Maçonnerie imagina de faire célébrer par toute la France le centenaire de Voltaire.

Voltaire était peut-être l'homme que M. de Flotte avait le plus étudié. Il bondit d'indignation à la pensée de l'apothéose projetée et écrivit le *Centenaire de Voltaire*. Dans cette brochure, il fait connaître seulement le moraliste, le Français, l'ami du peuple. « C'est avec intention, dit-il, qu'il laisse de côté le blasphémateur du Christ, il veut savoir si l'écrivain immoral, le mauvais citoyen, le mépriseur du peuple peuvent être oubliés uniquement parce que Voltaire a beaucoup blasphémé et beaucoup haï. »

Dans le cours de son travail, M. de Flotte est amené à comparer Voltaire et Luther et trouve en eux d'étranges similitudes : Luther disait : Au paysan comme à son âne, il suffit d'un peu de paille et de foin: s'il secoue la tête, employez le bâton, et s'il rue, la balle ; et Voltaire : A l'égard du peuple, il sera toujours sot et barbare, ce sont des bœufs auxquels il faut un joug, un aiguillon et du foin. En parlant de son maître, Mélanchton écrivait : l'âge et l'expérience ne servent qu'à le rendre plus violent ; et Mme Denis disait de son oncle : il a de très bonnes façons pour moi pourvu que je ne lui fasse pas la plus petite objection sur rien. Singuliers rapprochements. Ces deux ennemis de l'église catholique méprisaient également le peuple. Ces contempteurs de toute autorité étaient deux autocrates!

Un vigoureux athlète, un saint prêtre a publié sur le centenaire de Voltaire une série de lettres adressée au Conseil municipal de Paris. Les lettres ont, à coup sûr, fait plus de bruit que la brochure, et cependant celle-ci produit plus d'impression sur l'esprit du lecteur. Du reste, et je tiens à établir ce fait parce que c'est une question de justice : l'idée de flageller Voltaire avec ses propres écrits appartient à M. de Flotte. La brochure est antérieure à la première lettre de l'évêque d'Orléans et Mgr Dupanloup écrivait au savant polémiste pour le féliciter de son travail qu'il mettrait à profit et lui demander de nouveaux renseignements.

Le *Centenaire de Voltaire* est une œuvre qui restera et suffirait pour faire passer le nom de votre confrère à la postérité. Ce fut aussi son chant du cygne.

Cependant, en 1880, parut encore de lui *Sainte-Cécile*, drame chrétien en 3 actes, mais *Sainte-Cécile* était écrit depuis longtemps. La presse locale a rendu à cet ouvrage un hommage unanime et j'ajouterai un hommage mérité. Mme Favart, qui l'avait lu, s'était enthousiasmée pour le rôle et se fit fort de faire accepter le drame à la Comédie-Française. Les événements de 1870 empêchèrent la réalisation de ce projet.

D'ailleurs, dès sa jeunesse M. de Flotte s'était occupé du théâtre. Il avait composé des vaudevilles et même une tragédie, mais tout cela resta dans les cartons. Il n'y a de lui au répertoire qu'une scène de pastorale composée primitivement pour la salle de l'abbé Julien. Depuis 1845, date de sa création, on n'a pas cessé de la jouer et peu avant sa mort M. de Flotte, vit à une représentation de son œuvre, toute l'assistance se lever et l'applaudir :

« Ce jour-là, dit-il, j'eus mon triomphe à la Voltaire. »

Pour donner une idée complète de ce que fut mon

regretté prédécesseur, il faudrait le montrer affable dans son intérieur, causeur spirituel et instruit, ami sûr et dévoué.

J'ai le regret de l'avoir trop peu connu pour cela.

Mais j'ai pu lire la correspondance qu'il entretint avec les hommes les plus considérables de son temps. Malheureusement, les lettres écrites par le Baron de Flotte n'ont pas été rendues à sa famille et c'est par celles qu'il a reçues que l'on peut se rendre compte de l'intérêt de cette correspondance. Elles ont été mises à ma disposition par ses enfants, avec une bienveillance dont je suis heureux de les remercier ici. Toutes les questions contemporaines y sont traitées, tous les événements littéraires appréciés. On ferait un volume des lettres seules de Joseph Autran, le confident de toute sa vie, qui, de loin, associait le solitaire de Saint-Jean à ses jouissances intellectuelles et en retour, recevait ses avis.

Avez-vous lu les *Contemplations ?* écrit Autran, à la date du 12 mai 1856, j'imagine que votre impression est conforme à celle qui est presque unanime à Paris ? Le titre d'exilé a eu beau couvrir l'auteur comme d'un bouclier sacré, l'étonnement, la consternation, l'ironie, le sarcasme n'en ont pas moins protesté contre cette inviolabilité ; et chose singulière, les anciens fanatiques d'Hugo ne se sont pas montrés les plus accommodants.

Après la critique, un croquis. Il s'agit de Louis Veuillot, avec qui Autran dîne dans une maison amie. Je voyais Veuillot pour la première fois. Il a démenti l'idéal que je m'en étais fait sur tous les points, sauf la laideur. Il est plus jeune que je ne l'avais cru, il est admirable, paradoxal et gamin comme tous les Parisiens.

Le temps ne me permet pas de parler des relations de M. de Flotte avec les autres célébrités littéraires ou politiques. Il a connu tout le monde, depuis Chateaubriand jusqu'à M. Clovis Hugues. Je tiens seulement à rappeler qu'en 1877, il adressait à ce dernier des vers qui se terminaient ainsi :

> Oui, vous aurez la foi pour guide et pour soutien :
> C'est le vœu du poète et l'espoir du Chrétien.

Je n'ajouterai que ces trois mots : Ainsi soit-il.

Au terme de ce discours, il faut porter un jugement sur celui dont je viens de retracer la vie à grands traits. Je ne séparerai pas l'homme du chrétien, de l'écrivain, du citoyen. Quand il s'agit du baron de Flotte, un tel divorce serait une injure. Il a eu, ici-bas, toutes les grandes passions, tous les grands enthousiasmes, et, s'il s'est trompé, c'est dans la droiture de son cœur, comme dans celle de son esprit. Quand les prières de sa mère lui eurent mérité la foi religieuse, il l'embrassa de toutes les forces de son âme et depuis ne l'abandonna plus. Chrétien convaincu, il fut de ceux, trop rares de nos jours, qui ont le courage, non-seulement de leurs opinions, mais des obligations qu'elles imposent. Tous ses livres, tous ses actes, à partir du jour de sa conversion, n'eurent qu'un but : proclamer la vérité, ou lui rendre hommage.

En littérature, il fut à la fois poète et érudit, homme d'imagination et homme de science. Comme poète, il a cette chaleur d'âme, cette vivacité d'impressions, ce sentiment du rythme et cette chaude couleur qui distingue les poètes méridionaux. Il ajoute à toutes ces qualités, l'élévation des pensées et la noblesse des sentiments qui sont un reflet de son caractère.

Nous ne lui ferons qu'un reproche, reproche que l'on ne peut pas faire à tout le monde : Il eut trop de facilité.

Comme érudit, M. de Flotte occupe une place distinguée parmi les littérateurs modernes. Outre ses très nombreux articles de polémique et de critique dénotant de profondes connaissances théologiques historiques ou littéraires et une conscience du métier, rare aujourd'hui ; outre ses livres et ses brochures, il nous a laissé deux vrais monuments de son savoir.

J'ai parlé du premier, le *Centenaire de Voltaire*. Le second est encore en manuscrit. C'est une *Étude sur Bossuet*, précédée de recherches curieuses sur la vie de ce grand homme. Des fragments de l'ouvrage ont paru dans la *Gazette du Midi*. Ils laissent comprendre avec quelle science M. de Flotte avait fouillé son sujet, et font regretter que le travail complet n'ait pas encore été publié.

Bossuet et Voltaire, malgré ce que le rapprochement a d'étrange, partageaient l'admiration du baron de Flotte, cela ne l'a pas empêché de dire franchement ce qu'il pensait de l'un et de l'autre. Il avait pour Bossuet ce sentiment tendre et délicat qu'inspire un amour légitime, et pour Voltaire, cet amour indigne dont on rougit, mais que l'imagination se plaît quelquefois à faire revivre.

Un jour, étant à Ferney, il vit dans un rêve le « patriarche » de ces lieux, transformé en croyant, et le mal qu'il a fait, remplacé par le bien qu'il aurait pu faire. « Hélas, nous dit-il, ce n'était là qu'une douce illusion ! que ne s'est-elle transformée en réalité ! »

Il nous reste à parler du citoyen. La tâche est ardue, car cette enceinte est réservée au culte de l'esprit, et je ne saurais l'oublier. Cependant, malgré la division des partis, il est des choses, que sur cette terre de France, terre classique de l'honneur et de la liberté, tous, sans exceptions, applaudissent. Parmi celles-là, le désintéressement, la fidélité sont au premier rang. Dans la vie politique, M. de Flotte fut toujours désintéressé. Il n'accepta que les fonctions qui exigeaient le dévouement, sans rien offrir en retour. Dans la vie politique, non-seulement il fut désintéressé, mais aussi il fut fidèle. Il fut fidèle dans le malheur, fidèle dans la prospérité, fidèle encore quand il eût perdu l'espérance. Serviteur aimé de M. le Comte de Chambord, il n'a pas eu la douleur de lui survivre. Il est mort le 23 août 1882, en chrétien résigné dont les œuvres plaident auprès du Souverain Juge. Devant son cercueil, un homme dont le témoignage fait foi en ces matières, a rappelé le désintéressement et la fidélité du baron de Flotte. Nous ne pouvons mieux faire que de nous associer à cet éclatant hommage, rendu à une vie toute d'honneur, de loyauté et de travail !

Encore un mot et je termine.

En tête de l'édition des *Fiancés*, de Manzoni, parue en 1877, il est dit du marquis de Montgrand : « Homme de cœur, il aima, il fut aimé ; homme d'intelligence, il dut à son amour pour les arts de nobles et douces jouissances, homme de foi, il est mort en philosophe chrétien et résigné, donnant à la prière les moments que lui laissaient les souffrances.

« L'unanimité des louanges, surtout de la part des hommes, qu'en politique un abîme séparait de lui, honore à la fois sa mémoire et ceux qui ont compris qu'une telle vie admirée de tous, supprime les partis.

De pareilles existences laissent un long souvenir et de grandes leçons. »

Ces quelques lignes sont de M. de Flotte.

Ne dirait-on pas qu'elles ont été écrites pour lui ?

RÉPONSE DE M. LOUIS BLANCARD,

PRÉSIDENT,

AU DISCOURS DE RÉCEPTION DE M. LE VICOMTE OLIVIER DE CARNÉ.

Monsieur,

La naturalisation que vous vous êtes faite en liant votre nom à l'un des plus honorables, des plus célèbres de la Province, est de celles qui ouvrent ici bien des portes et vous pouvez vous en étayer sans craindre notre indifférence. Qui sait même si plusieurs d'entre nous ont pu s'empêcher de vous en tenir compte? S'ils vous en ont tenu compte, il n'y ont pas mis plus d'effort qu'à songer, en vous voyant devant eux, au membre de l'Académie française qui fut votre illustre père. Ce sont des sentiments dont on ne peut se défendre et que l'on comprend surtout, lorsque, comme vous, on ne dédaigne pas l'influence du passé. Quand on se recommande d'aïeux qui ne font plus battre le cœur, on doit sentir profondément qu'un père qu'on a aimé et dont on est fier, est pour soi-même un patron qui s'impose. Autre part, on y voit un garant, surtout en notre Compagnie, qui se flatte trop de sa propre filiation académique pour ne pas avoir en estime la vôtre. Nos cas ne sont pas en rapport, à cela près que votre âge commande l'espérance, tandis qu'on peut se demander si le nôtre la permet.

L'écrivain qui est, à cette heure, condamné, selon votre expression, à tenir son succès « de la capitale, » n'hésite pas à quitter sa province, la ville qu'il aime, les champs où son enfance a pris ses ébats, et à aller offrir à Paris les fruits de son travail. Si le soleil les a mûris, s'ils sont pénétrés de l'arôme du sol, le poète, le romancier, à qui les gourmets littéraires font fête, abandonnent sans remords, en retour, la petite ruche pour la grande. Ils demanderont toujours aux fleurs de la campagne natale, leur suc ; à son soleil, la chaude inspiration ; au calme de la retraite, la limpidité d'une pensée qu'aucune distraction ne trouble, le cours paisible de l'élaboration ; mais il leur faut aller à la publicité parisienne : le succès est à ce prix. Pour supprimer ce courant, il ne suffirait pas de rétablir les distances ou les nationalités. Même lorsqu'on s'affirme comme d'un peuple à part, sinon par le cœur, du moins par la langue, est-ce qu'on ne se hâte pas d'offrir son nouveau-né à des parrains parisiens qui, après avoir reçu l'enfant dans leurs bras et perçu ses premiers tressaillements, notifient qu'il se porte bien et vivra ? Certes, ils le savaient, ceux qui connaissent le père, mais il faut se soumettre à ce baptême et à cette déclaration, si on ne se résigne à une gloire incertaine.

Dans ces conditions, que peuvent attendre de l'avenir les sociétés littéraires de province ?

L'esprit que vous trouverez chez nous, Monsieur, est celui que l'on consent à soustraire à l'attraction centrale, comme l'avait fait votre prédécesseur, celui, par exemple, que vous voulez bien nous porter.

Nous avons toute fraîche l'impression de ce que nous venons d'entendre ; ce qu'on lit de vous la donne aussi vive, notamment votre principale production : *Les doctrines des Congrès ouvriers*.

Je ne dis pas que vous ayez eu la pensée, en vous tournant vers l'ouvrier et en allant prêter l'oreille à l'exposé de ses réclamations, de faire œuvre d'esprit. Ce qui vous a inspiré le désir de voir de près le travailleur, hors de son champ d'ouvrage, c'est une sympathie bien naturelle pour une classe souffrante, et l'espérance que ses revendications laisseraient entrevoir la claire notion de leur cause, peut-être celle d'une solution.

Nous savons que la question ouvrière se lie par un de ses côtés à celle du paupérisme et que celle-ci est dominée par une divine parole : il y aura toujours des pauvres ! Mais si ces deux questions se touchent le plus souvent, elles ne devraient pas être confondues. Vous avez malheureusement constaté, dans votre étude sur le vif, que les faits et les hommes les confondent et vous en avez été navré. Vous avez donné dans votre livre, aux douloureux sentiments que cette constatation vous a fait éprouver, la place et l'expression qu'exigeait votre cœur, mais aussitôt après, vous avez changé d'allure, et avant de passer aux commentaires que vous deviez à votre érudition, à votre raison, vous avez dressé sous une forme nette, saisissante, piquante dans son impartialité, les procès-verbaux des Congrès. Voilà, Monsieur, en quoi j'affirme que vous avez été homme d'esprit ; vous ne pouviez plus spirituellement critiquer les doctrines que vous vouliez combattre.

Ce qui frappe tout d'abord chez le congressiste, c'est que son horreur pour tout maître est telle, qu'il tient à honneur de ne pas l'être de lui-même. Cette faiblesse, usuelle aux despotes qui ne doivent à personne compte de leurs actes, prouve qu'il n'a le sens ni de sa responsabilité ni de sa fonction, et elle explique l'introduction dans la question sociale des facteurs étrangers les plus irritants et le dédain de l'entente. C'est à ces deux causes qu'on doit attribuer le peu de chemin qu'a fait la théorie du salaire formulée par Turgot : *La somme indispensable à la satisfaction des besoins, augmentée d'un surplus pour l'économie ou le plaisir.* Quel doit être ce surplus ? Il est aujourd'hui aussi indéterminé qu'au dernier siècle. S'il ne s'agissait que de l'économie, on pourrait peut-être s'entendre, mais sur le reste c'est généralement impossible. Le besoin de jouir n'a plus ni bornes ni préférences. Pour le satisfaire, toutes les classes luttent à l'envi, au mépris du devoir. Du devoir, certains n'ont pas le souci ; ils en ont fait une parure plutôt qu'une charge, et leurs mouvements n'en éprouvent aucune gêne.

Pour l'homme du labeur manuel, toute obligation est lourde parce qu'il la juge d'après celle de l'atelier, qui est l'oppression par le maître, le fardeau, la sueur, la machine avec laquelle on va de pair et qui ne se lasse pas, l'obéissance aveugle. Et lorsqu'il croit pouvoir lutter plus à son aise, pour la jouissance, en se dépouillant de toute contrainte, c'est avec le sentiment qu'il se débarrasse de pesantes charges, et que Dieu et la famille avec leurs cultes, l'État avec ses impôts, son armée, sa justice, sont des maîtres aussi tyranniques que celui de l'atelier, qui lui mesure le salaire. Avec eux part la possession de soi-même, cette domination qui serait si nécessaire à l'ouvrier pour adjoindre à son capital matériel, de bras et d'outils, la ressource que les économistes nomment le capital moral : la modération dans la jouissance, le goût du foyer et de l'étude, l'habitude de l'économie, le support du sacrifice.

Je parle ici du sacrifice volontaire et intime, car dès qu'il s'agit de celui qu'exige le pays, je le dis avec orgueil, tout le peuple se retrouve. Il a vite fait d'oublier les droits de l'homme pour les devoirs du soldat. Cette armée contre laquelle son geste d'orateur protestait, il est fier d'en être, et l'expédition qui soulevait ses sarcasmes, il y prend part sans murmures. Il va n'importe où, guidé par l'honneur national, et si, dans cette voie, il est un sacrifice qui lui coûte, c'est celui qui, au nom de la discipline, le tient en arrière, à l'abri, tandis que, plus heureux, ses camarades d'avant-garde affrontent le danger et la mort.

On ne peut parler de ces héros, sans songer à l'expédition lointaine où nos soldats n'ont marchandé à notre gloire ni leurs fatigues, ni leur vaillance, ni leur sang, ni leur vie, et comprendre dans l'hommage d'un souvenir ému ceux qui sont allés jalonner la route de notre drapeau sur cette contrée nouvelle. A leur tête marchait le commandant de Lagrée ; sous ses ordres, Francis Garnier et un autre compagnon que votre présence évoque. Louis de Carné, votre frère, usa tous les ressorts de l'existence dans ce voyage qui fut un combat inégal et infini contre des obstacles de tout genre, et il y prit le mal mortel qui l'enleva. Lorsque, peu après son retour en France, il fallut se lever pour défendre le territoire, il essaya et ne put, et ce fut sa suprême douleur. Durant cette agonie morale, ce jeune homme, que la mort arrachait à la plus brillante carrière à l'âge de 27 ans, embrassa du regard son passé et son avenir ; il fondit ses regrets dans son espoir et légua aux âmes consciencieuses, avec un beau livre qui le justifie, un vœu formulé dans cette belle et noble maxime, le dernier écrit de sa main mourante :

Se dévouer jusqu'à la mort, c'est survivre !

Ne dirait-on pas une des meilleures sentences de Luc de Clapiers de Vauvenargues ?

Puisque je nomme ce grand écrivain, l'illustration de votre nouvelle famille, je lui emprunterai un passage, à l'appui de cette pensée que je n'ai pas voulu limiter votre mérite en spécifiant ce qui m'a frappé le plus dans votre livre sur la *Doctrine des Congrès*.

« A l'égard de l'esprit », écrit Vauvenargues « je dirai que ce mot n'a d'abord été inventé que pour signifier en général ses différentes qualités... et parce que nul homme ne peut les rassembler toutes....., il importe peu que ce soit la vivacité, ou la justesse, ou la profondeur, ou le jugement, ou telle autre partie de l'esprit qui emporte l'honneur du titre..., car, il n'y a aucune de ces parties qui n'ait son utilité, et j'ose dire son agrément. »

— 28 —

Cette variété de facultés, Monsieur, ne vous est pas étrangère.

C'est le trait d'un jugement fin et sûr d'avoir tiré la critique des *Doctrines des congrès*, de leurs exposés présentés d'une façon piquante, et, dans votre article sur les *Nouveaux États Britanniques et les pêcheries françaises*, d'avoir trouvé la note véritable de l'intérêt ; et c'est celui d'un esprit observateur d'avoir peint, avec couleur et justesse, les tableaux de la vie humaine dans ces pays étranges et déshérités. La lecture attrayante en est complétée et résumée par des réflexions courtes, peu nombreuses, très à leur place et si bien amenées par le sujet, qu'elles se présentent à l'esprit du lecteur en même temps qu'à ses yeux. Je voudrais pouvoir donner tout au long quelques-uns de ces tableaux, par exemple, la description des mines de Sidney, organisées à mille lieues de la mère-patrie, dans une contrée désolée, comme en pleine Angleterre ; rien n'y manque, pas même le « cheval de la mine, trainant péniblement son fardeau à la lueur des lampes et condamné à ne jamais voir le jour. » Plus loin c'est « Patrik, le gardien du Croc, singulier type de cette race irlandaise qui vient chercher dans une contrée sauvage le calme et le repos qu'elle demande en vain à son pays. » Et puis « l'île de Saint-Pierre possession de France, où l'on entretient des forçats pour construire une caserne et où l'on applique avec ponctualité les règlements surannés de 1816. » Saint-Pierre est un des chefs-lieux de la pêche à la morue : ou du moins c'est de là que partent, pour aller à plusieurs milles, placer leurs engins, les pêcheurs sur lesquels vous avez écrit ces lignes vivantes :

« La rude vie des pêcheurs de bancs a aussi ses compensations. Ces hommes grossiers portent souvent en eux une âme accessible aux sentiments élevés comme aux grandes scènes de la nature. Leur pénible métier les fait s'estimer eux-mêmes, et le danger qu'ils affrontent constamment les relève à leurs propres yeux comme aux yeux de tous. Le soir, on les voit suspendre leur travail et contempler avec une naïve admiration les beaux phénomènes lumineux si communs dans les pays du Nord..., et le ciel soudainement illuminé de lueurs d'une blancheur éblouissante ou d'un rouge de sang ! En un instant, le spectacle change dix fois. Tantôt des gerbes de lumière semblables à des fusées partent du ciel pour éclater sur la mer en se tordant, tantôt de vastes rideaux de feu forment mille ondulations, comme si le vent les agitait ; une colonne étincelante paraît au Zénith, puis aussitôt reviennent le silence et la nuit. Le pêcheur étonné se demande s'il n'a pas fait un rêve devant la soudaine disparition de cette lumière, naguère plus brillante que celle du soleil. »

Les migrations des morues, les havres de Terre-Neuve, les banquises, la pêche du phoque vous ont inspiré des pages achevées, que je regrette de ne pouvoir citer au long.

Les qualités qui recommandent les *Pêcheries françaises*, je les retrouve dans les *Açores*, notamment dans la peinture colorée de la société de ces îles et des femmes de la Horta.

Outre ces notices, on vous doit la biographie de Campion. Elle est d'autant plus intéressante pour nous, que, comme votre discours sur Gaston de Flotte, elle fait revivre un de nos confrères.

L'une et l'autre de ces études offrent en outre cet attrait qu'elles mettent en relief des qualités, des défauts, des conditions de la vie, propres aux époques où nos deux confrères vécurent. Ils furent, en effet, bien de leurs siècles, Campion et Gaston de Flotte. L'un, philosophe pratique, dont la morale était une transaction incessante entre la conscience et le goût du plaisir, usa de la vie agréable, sans excès. Il posséda cet art heureux de faire concourir toutes les facultés de l'être à chaque effort de jouissance, afin d'accroître celle-ci, sans que l'effort, bien distribué, fût une fatigue. Quant au but, il eut soin de ne le fixer qu'à une hauteur moyenne et accessible. Il voulut plaire sans perdre son cœur ni son temps ; il réussit. Un petit nombre d'hommes d'un sens droit mais non rigide, quelques femmes au cœur et à l'esprit ouverts, donnaient la réplique à ce financier aimable. Les muses les plus attrayantes étaient de ses parties; même lorsqu'il cherchait le mystère et la solitude, il les appelait. Ces muses, la poésie et la peinture, lui furent fidèles et il le leur rendit. Vous nous avez fait connaître, Monsieur, quelques-unes des productions poétiques de Campion et, par ces citations, on comprend qu'il traitait la poésie avec plus de familiarité que d'égards. Elle, sans prétention ni susceptibilité, répondait à tous ses appels et se satisfaisait elle-même à relever et à chaperonner ses plaisirs. Ainsi faisait sa compagne, dont l'ambition se bornait à fixer au passage les douces et fugitives impressions de l'épicurien.

Les gravures de Campion sont les pièces justificatives de son passé, et il dut s'y arrêter plus qu'à ses projets lorsqu'il fut à l'âge qui ne promet plus.

Vous avez tracé cet état, Monsieur, d'un tour trop exquis pour que je ne le redise à l'Académie qui le connaît par l'éloge du judicieux rapporteur de votre candidature, que je ne le fasse connaître à ceux qui n'ont pas lu votre étude sur Campion.

« Tout chez lui, » avez-vous écrit, « indiquait l'insouciance de l'homme qui, n'ayant rien ignoré, jouit plus de ses souvenirs que de ses espérances. »

Campion fut toujours au-dessus de ses œuvres ; sa philosophie se complut en cette supériorité qui lui permit de les juger de haut, avec justice. Le tort qu'il eut, fut d'assimiler la vertu au talent, et de les croire d'un profit également périssables ; mais en cela il était bien de son siècle.

Tout autre fut Gaston de Flotte. Le passé lui offrait d'indicibles regrets ; le présent, des satisfactions équivoques, et jusqu'à son dernier jour il mit sa joie dans l'espérance.

Je devrais dire les espérances. L'une d'elles a sûrement porté ses fruits, étant au-dessus des intempéries humaines.

L'autre, il l'a placée en nous : elle ne sera pas trompée : sa mémoire nous sera toujours précieuse.

L'Académie a écouté, Monsieur, avec une émotion sincère, l'éloge que vous avez fait de l'un de ses membres qui l'ont le plus honorée, et elle vous en remercie.

Vous nous avez montré les diverses faces de son esprit, mais aussi la rigidité de sa conscience. Nous sommes loin de Campion. Avec Gaston de Flotte, plus de compromis, ni en religion, ni en morale, ni en politique. Son jugement, tout d'une pièce, ne séparait pas, sur ce dernier point, l'inflexibilité du caractère de celle des principes. C'était tant pis pour ses intérêts s'ils n'étaient pas d'accord avec sa dignité. Même en littérature, sa dignité lui importait avant tout, et dans la crainte qu'on ne le soupçonnât de faire sa cour aux critiques de qui relève l'opinion, (en même temps que pour prouver la faillibilité de celle-ci), il écrivit les *Bévues parisiennes*. Je ne doute pas que, sans ce rigorisme, son nom, répété et loué comme il mérite de l'être, n'eût acquis la célébrité à laquelle sont parvenus ses amis et ses fidèles, Méry, Barthélemy, Autran, et, en dernier lieu, Mistral.

On a reproché à Gaston de Flotte d'avoir été un écrivain de combat ; c'est absolument comme si on lui avait fait le reproche d'être de son siècle : Notre époque est essentiellement celle de la lutte.

Il est vrai que le poète a le droit de se désintéresser des batailles de l'heure présente afin de se recueillir, mais le tempérament de Gaston de Flotte le lui défendait. Né pour l'escrime, quand il fallait se battre, il était là ; dans ces circonstances, c'était un Vendéen de lettres.

La verve de sa plume, la fidélité de son amitié, le courage de sa foi, la distinction originale de ses goûts, la fermeté de son caractère, la bonté de son âme, lui avaient assuré les sympathies de tous ceux qui détestent l'intrigue, la trahison, la banalité, l'hypocrisie, l'égoïsme. Son désintéressement chevaleresque imposait à ses adversaires, et, dans un siècle où plusieurs ont poussé jusqu'à la mort le dévouement à leur cause, il sut encore se distinguer par une activité et une bravoure inaltérables.

Ce sont là des qualités que nul, mieux que vous, ne pouvait estimer en toute connaissance de leur prix. Votre éloge est digne de son modèle. Pour remplacer cet écrivain distingué, cet éminent poète, et surtout cet homme de bien, il faut autant de vertu que de talent. Voilà pourquoi, Monsieur, le fauteuil de Gaston de Flotte vous est dû.

www.ingramcontent.com/pod-product-compliance
Lightning Source LLC
Chambersburg PA
CBHW060458050426
42451CB00009B/712